A PANDEMIA IRÁ MUDAR O MUNDO?

A PANDEMIA ANALISADA SOB OS PRINCÍPIOS DE KARDEC

ANTONIO CARLOS GAIO

VERMELHO MARINHO

Autor
Antonio Carlos Gaio

Editor-chefe
Tomaz Adour

Revisão
Equipe Vermelho Marinho

Diagramação e capa
Marcelo Amado

Foto da capa
Rottonara (via Pixabay)

Dados Internacionais de Catalogação na Publicação (CIP)
Fabio Osmar de Oliveira Maciel – CRB-7 6284

G143p

Gaio, Antonio Carlos
A pandemia irá mudar o mundo? A pandemia analisada sob os princípios de Kardec / Antonio Carlos Gaio. – 1. ed. – Rio de Janeiro : Vermelho Marinho, 2021.
90 p. ; 21 cm.

ISBN 978-65-86082-40-1

1. Espiritismo. 2. Coronavírus (Covid-19). 3. Epidemia - Aspectos religiosos. 4. Kardec, Allan, 1804-1869. I. Título.

698-023-21 CDD : 133.9

Índice para catálogo sistemático:
1. Espiritismo 133.9
2. Epidemia : Doenças virais 614.58

VERMELHO MARINHO

EDITORA VERMELHO MARINHO
Avenida Gilka Machado, 315 – bloco 2 – casa 6
Recreio dos Bandeirantes - CEP: 22795-570
Rio de Janeiro – RJ

SUMÁRIO

Os meus agradecimentos **à minha professora de francês, Virginia Munson,** por ter me incentivado a publicar *A pandemia irá mudar o mundo?*, enquanto eu vertia durante a pandemia em aulas *on-line* cada um dos capítulos constantes do livro para ela avaliar se o idioma de Allan Kardec chegava bem aos seus ouvidos, até que acabou fisgada pelo espiritismo. Não sei se por causa de "como era bom meu francês" ou pelas reconhecidas artes de Espíritos que adoram fazer arte.

APRESENTAÇÃO

Durante a pandemia, desviei minhas atenções para textos espirituais voltados para analisar esse fenômeno histórico e suas consequências na ordem geral das coisas, aproveitando o ensejo das intervenções espirituais que realizava quinzenalmente na Fundação Marietta Gaio e passei a fazer em casa evitando o contato presencial. Deitado na cama, fechado no meu quarto, no escuro, por uma hora, diferente do praticado num salão com leitos na Fundação, onde médiuns entoavam orações, cânticos, leitura e comentários de temas dissecados por Allan Kardec em *O Evangelho segundo o Espiritismo*, dentre outros. Tanto na Fundação quanto em casa, assistido pelos espíritos, na penumbra.

Concentrei-me nos momentos obscuros e sombrios desse episódio inédito na Humanidade, buscando conexão e respostas para as questões pandêmicas no *Livro dos Espíritos*, de Allan Kardec - livro de perguntas e respostas para se conhecer melhor o Espiritismo. Fui encontrando surpreendentes elos e esclarecimentos na obra de Kardec. Tanto que no final do ano pandêmico de 2020 precisei parar, de modo a descansar a mente. Exaurido por tantas incursões mentais.

A pandemia irá mudar o mundo? é o primeiro livro espírita que publico, desde que cotidianamente comecei a escrever há cerca de 25 anos abordando, em meio a outros gêneros de livros já publicados, a influência da espiritualidade em nossa vida terrena, quando foi se enraizando em mim a ciência espírita e amadurecendo ideias e conceitos os quais me pus a estudar e praticar, resultando em farto material aguardando o tempo certo e a oportunidade adequada para publicação.

Anteriormente ao que corresponde a uma verdadeira escalada de montanha, eu ainda nada enxergava, não distinguindo sinais claros que nos são frequentemente enviados e, portanto, espiritualmente, não exercitava a mente. E a cada pôr do sol ia perdendo o que ainda não possuía. Outrora muito voltado para metas, linhas de chegada e conquistas, demorei a atinar sobre quem **você vai se construindo nessa caminhada como ser humano**. Repensando o quão sem sentido você pode tornar essa vida.

Foi sob o holocausto que nos subjuga física e emocionalmente pela escala assustadora de contágio e de mortes que a pandemia deixou aflorar os temas reinantes no livro. "A pandemia irá mudar o mundo?", num "Mundo difícil de se encaixar" e, assim sendo, "Por que tanta dificuldade no mundo para nos unirmos?". Será que "O Mal prevalecerá sobre o Bem na pandemia?" ou "O mundo não mais será o mesmo de antes da pandemia", diante de "A praga viral surgiu para amadurecer nossa consciência?". "Custa caro elevar o espírito", salvo se o "Mito da caverna" a ela retornar.

Temos um período finito de tempo para evoluir e nos aperfeiçoar. Esse é o recado da pandemia para mudanças comportamentais de relevo na Humanidade. A forma escolhida foi uma pandemia e não uma guerra, justamente para não gerar sentimento de animosidade, divisão ou rancor.

Chico Xavier já havia previsto: **um dia, haverá só uma religião no mundo e terá o nome de fraternidade**.

1. O FIM DO MUNDO DO CORONAVÍRUS

23 de março de 2020

O fim do mundo com o caos trazido pela pandemia do coronavírus.

Sabe-se que a influenza provém de gripes sazonais e se combate com vacina, sendo tratada principalmente com repouso e ingestão de líquidos para permitir que o corpo vença a infecção por conta própria. Difere da nova influenza a H1N1, mais conhecida como gripe suína, que, sem precedentes, se propagou em 2009. Igualmente provocada por um novo tipo de vírus, para o qual a população não tem imunidade, em 2020, chegou o coronavírus oriundo da China. Que pode se agravar em pessoas que sofrem de diabetes, pressão alta, asma, bronquite e outras doenças crônicas, inclusive em gestantes, crianças pequenas e pessoas idosas.

A origem do vírus provém dos morcegos, que sofreu mutações até que começou a infectar seres humanos em Wuhan, na China. Portanto, de vampiros, para sugar nosso sangue e chupar nossa vitalidade. O vírus é transmitido por meio de minúsculas gotas que expelimos ao tossir, espirrar e até ao respirar, capazes de contaminar pessoas próximas e celulares, mesas, talheres, copos, maçanetas, corrimões, a lista é grande.

Como é o ataque do vírus? Seu alvo predileto são os pulmões. O vírus sequestra e escraviza as células, até elas não suportarem mais, romperem e morrerem, liberando os invasores para conquistar mais células e se espalharem pelo organismo. As vias respiratórias vão ficando entupidas com restos de células mortas, fazendo com que as pessoas passem a respirar cada vez pior. Bem que as células do sistema imunológico tentam defender o organismo e expulsar os vírus, até que se descontrolam atacando as células saudáveis e entrando em pane. Cada pessoa infectada transmite o vírus para outras duas ou três.

Os sintomas são febre (98% dos casos), tosse seca (82%) e cansaço extremo e persistente (44%). Seguem-se coriza, dores no corpo, diarreia e dificuldade para respirar (o mais preocupante). Mas há casos leves, que se parecem com resfriado ou simples gripe. A recomendação é obedecer ao autoisolamento (quarentena de 15 dias) num cômodo da casa, longe do contato com os outros. A comida deve ser deixada na porta e o banheiro de uso exclusivo do infectado. Os idosos são mais suscetíveis devido ao seu sistema imunológico não mais funcionar bem ou por já padecer sob efeitos de doenças crônicas.

Ninguém é intocável ou se encontra necessariamente seguro, nem mesmo as pessoas mais poderosas do planeta, a algo que os olhos não detectam sua presença nem conseguem explicar. O certo é que obriga os homens a ficarem voltados para seus lares, fato que já aconteceu durante a peste negra, transmitida por pulgas em ratos, que matou pelo menos um terço da população europeia (25 a 30 milhões de pessoas) entre 1343 e 1353.

É a oportunidade para mudar, de como lidar com o seu próximo e com a Natureza, e tudo que o rodeia para cortar a crista do egoísmo e do individualismo que imperam na Terra, quando só temos olhos para nossos celulares. É mais uma tentativa de irradiar a solidariedade e não mais discriminar porque a doença não vê cor, raça, nem diferença de classes sociais. Há que conter a onda de ódio que grassa no planeta. Se séculos atrás eram ratos que contribuíam para a peste, agora é o acúmulo de lixo vazando para rios e oceanos, matando peixes, tartarugas e baleias. O maior respeito, consideração e cuidado para com os idosos, e não a sociedade se organizando com reformas para eliminá-los prematuramente. Propiciar um melhor legado às crianças que nascem.

E a classe política dar uma trégua aos cumprimentos e abraços aparentemente cordiais, ao popular tapinha nas costas, pois há que temer o coronavírus! Ai de quem desafiá-lo! Partirá para um mundo em que não mais poderá manipular, mentir e disparar *fake news*.

2. CONFINAMENTO

27 de março de 2020

Nos encontramos em pleno regime de pandemia de coronavírus e confinamento da população do mundo inteiro em suas residências, cuja contaminação sutil através de nossos perdigotos não permite que haja aglomeração, ainda mais em recintos fechados. Aproximando do desencarne o grupo considerado de risco, idosos de mais de 60 anos, além de quem sofre de doenças respiratórias como enfisema, asma, bronquite, tuberculose, ou enfermidades crônicas como as cardiovasculares, diabetes, ou em tratamento de câncer. Mas os demais não estão a salvo, só que a probabilidade é bem menor. A ameaça de morte repentina nos transforma em seres insignificantes à mercê de um exército de vírus. Não é a primeira peste que assola o mundo, mas globalizado pela tecnologia como a atual, jamais! A realidade entra em nossas casas, sem pedir licença, e compartilhamos da desgraça alheia, além do quinhão que nos cabe, ao atingir em cheio nossa sensibilidade e deprimindo nosso ego, já em processo falimentar, quando reverbera o ódio ao próximo induzido pelo preconceito farto e imoral. A recomendação é não sair de casa e permanecer confinado para não se contaminar desde que higienize quase tudo que vê pela frente. Tornando-nos paranoicos, medrosos, sem iniciativa, ensimesmados, para quê?

Na primeira linha dos flagelos destruidores se encontra a peste, seguida da fome. Com que fim Deus fere a Humanidade através de flagelos destruidores? Para fazê-la progredir mais depressa e que se promova o advento de uma melhor ordem das coisas, o que, por vezes, se exige muitos séculos. Não haveria outros meios? Deus supriu cada um de nós com os meios de avançar pelo conhecimento do bem e do mal, porém, se não os aproveitamos, faz-se necessário destruir para renascer e se regenerar. O que não passa de uma transformação que tem por fim a renovação e a melhoria dos seres humanos. Embora dotados do sentido de preservação e conservação que impede, ao se entregar a crises de desânimo, à destruição antecipada. Esse impulso de destruição se enfraquece no homem à medida que o Espírito sobrepuje a matéria e prevaleça o desenvolvimento intelectual e moral.

Portanto, as pestes ou pandemias dão possibilidade ao homem de exercitar sua paciência e resignação ante a vontade de Deus de confiná-lo, oferecendo o ensejo de manifestar sua abnegação, o sentido de cooperação e amor ao próximo, se não o dominar o interesse egoísta. Ainda mais que os flagelos geralmente resultam da imprevidência do homem, permitindo que os conjure, se lhes souber pesquisar as causas, à medida que adquira conhecimentos e experiência.

Sentido de preservação e agentes da destruição, o remédio ao lado do mal. Para manter o equilíbrio e servir de contrapeso.

Fonte inspiradora: "O Livro dos Espíritos", de Allan Kardec, Parte Terceira (Das leis morais), Capítulo VI (Da lei de destruição), tópicos "Destruição necessária e destruição abusiva" e "Flagelos destruidores" desdobrados nas questões 728 a 741.

3. MUDANÇA VIBRATÓRIA NO PLANETA

10 de abril de 2020

O mundo em que a gente vivia deixou de existir na medida em que fomos obrigados a ficar em casa para não corrermos o risco de sermos contaminados pelo coronavírus, que continua a consumir vidas ao longo do planeta. Um momento raro em que todas as nações têm de se curvar perante um micróbio invisível. Nem quem só se banhava em ouro está a salvo, na dependência de encontrar um respirador disponível para que lhe dê mais gás e não morra. Em paralelo, o planeta Terra se purifica com o ar livre da poluição dos automóveis e das fábricas, a água suja de rios e canais se tornando limpa, pássaros voltando aos locais de onde haviam desaparecido, e as estrela mais visíveis. O vírus abençoado se dirige à raça humana para expurgar o egoísmo e fazer crescer uma onda de solidariedade, a dor como maestrina para reger nossas ações. Enquanto o espírito encarcerado na matéria pena para ver as coisas com os olhos da alma.

O coronavírus deixou para trás a autodestruição embutida na 2ª Guerra Mundial e na ameaça de um conflito nuclear para recebermos a chance maravilhosa de aprender na dor da solidão a importância da fraternidade e do coletivo. Sentir a falta do abraço amigo, substituído pelos contatos virtuais, distantes de acalentarem nossos corações. Angústia e sofrimento oriundos da impotência para resolver o que não se encontra em nossas mãos, panorama dos próximos meses. No Mundo Espiritual, tudo é acompanhado com muita atenção e amor infinito à mudança vibratória do planeta e de nossa regeneração. O que não será possível quando esta vibração for perene?

Que motivo, então, existe para ter medo? Se o momento é de esperança e de mudança! Mudança para uma Nova Era. Para espantar o medo da morte, valhamo-nos de Freud: "No fundo, ninguém acredita na própria morte, no inconsciente de cada um de nós estamos convencidos de nossa imortalidade".

Que força tem a oração e o pensamento para se manter nessa vibração! Revelada por um espírita anônimo. Não podemos achar que estamos vivendo essa pandemia para depois tudo voltar ao normal. Os povos cuja grandeza unicamente se assenta na força e na extensão territorial nascem, crescem e morrem, posto que a força de um povo se exaure tal como a de um homem. Extinguem-se regidos por leis egoísticas e pelo culto à vida do corpo, que obstam o progresso das luzes espirituais e da caridade, já que a luz mata as trevas e a caridade mata o egoísmo. Os esforços despendidos para civilizar um povo têm o poder, não de melhorar almas imperfeitas, porém de fazer com que Deus crie almas menos toscas e mais humanas.

Fonte inspiradora: "O Livro dos Espíritos", de Allan Kardec, Parte Terceira (Das leis morais), Capítulo VIII (Da lei do progresso), tópico "Povos degenerados" desdobrado nas questões 786 a 789.

4. A ENCRUZILHADA DIANTE DO VÍRUS

24 de abril de 2020

Estamos todos atordoados e frágeis nos sentindo indefesos e abandonados à mercê do coronavírus. Apesar da misericórdia com que habitualmente nos abraça, a impressão que dá é de um profundo desagrado de Deus para com os rumos que a Humanidade tomou. Afinal de contas, a pandemia atinge todo o planeta sem salvaguardar um rincão sequer, ainda mais que a contaminação se efetiva através da boca, por onde se expressa segundo seu livre-arbítrio, e do nariz, por onde respira, se mantém vivo e se conecta com o planeta. Tamanha desdita nos faz repensar o quão sem sentido essa corrida em que nossa vida se tornou. Fomos obrigados a parar e refletir sob um holocausto que nos subjuga física e emocionalmente pela escala assustadora de contágio e de mortes. Um vírus universal que nos submete ao isolamento social e nos reconecta em outro padrão inédito na História da Humanidade. E a ter que suplantar, além do vírus, quem coloca cifras à frente de vidas e prefira o risco à cautela ou quem não tem consciência social e coletiva e não respeita profundamente os idosos.

Nos encontramos numa encruzilhada: ou bem nos regeneramos como seres humanos ou estaremos condenados a uma vida miserável, não somente do ponto de vista material, mas moralmente empobrecida, já que esse vírus veio para deixar claro que o ser humano é igual, independentemente da cor, crença e condição social e financeira. Pertencemos à mesma família. Querendo ou não admitir, ou mesmo segregar. Ou nos abraçamos em solidariedade ou voltamos a nos hostilizar como se não pertencêssemos ao mesmo meio ambiente e não necessitássemos do mesmo oxigênio para sobreviver.

Deus se ocupa com todos os seres que criou, por mais pequeninos que sejam. Nada, para sua bondade, é destituído de valor. Mas tem suas leis a regerem todas as vossas ações. Se as violais, vossa é a culpa. Mas Deus não profere um julgamento com o rigor tosco de "foste guloso, vou punir-te". Ele traçou um limite em que as enfermidades e muitas vezes a morte são a consequência dos excessos. O resultado da infração da lei. Assim em tudo. Por outro lado, não há uma ação sequer, por mais insignificante que nos pareça, que não possa ser enquadrada no quadro das transgressões, pouco adiantando queixar de nós mesmos se fomos os causadores de nossas infelicidades futuras.

Ou seja, a falta de responsabilidade, que a nós pareceu irrelevante, pode causar um prejuízo lá à frente que não somos capazes de avaliar, sequer enxergar, somente cabendo a Deus atuar na correção, na programação que tem para esse planeta, ativando nossa consciência para nos dar conta do mal que fizemos, ou até propagamos, fato que seria impossível fazê-lo em nosso estágio de evolução. Somente se alcançado o conhecimento e a visão do Plano Espiritual, onde nossos destinos são encaminhados e o tratamento adequado é propiciado aos espíritos despreparados.

Fonte inspiradora: "O Livro dos Espíritos", de Allan Kardec, Parte Quarta (Das esperanças e consolações), Capítulo II (Das penas e gozos futuros), tópico "Intervenção de Deus nas penas e nas recompensas" desdobrado nas questões 963 e 964.

5. GÓLGOTA

8 de maio de 2020

Nestes tempos de pessimismo e tormenta interior, cuja imagem mais forte é debater-se nas trevas, há que pacificar nossos pensamentos para começar tudo de novo.

Na hora sombria e dilacerante do fracasso de perspectivas, jamais desistir de lutar e trabalhar, dia após dia, pelo reerguimento e retorno às ideias evolucionistas, soterradas momentaneamente pelo atraso e obscuridade. Comece indagando se algo te impede, definitivamente, de retomar a luta.

Pois temos que dar o melhor de nossa capacidade. Nenhum de nós está se sentindo bem ante os erros que cabia terem sido evitados. A intolerância desencadeada sobre nossas cabeças revela má avaliação e culpa. Tristeza e vergonha pelos descaminhos da irresponsabilidade.

O presente, no entanto, nos convoca para a lucidez moral. O inimigo é forte, violento, ardiloso, mentiroso, perverso e vil, reunindo em torno de si todas as forças do Mal. Compete-nos saber lidar com os dissabores em cascata que machucam o nosso moral.

Reconheçamos, a priori, o quanto, ao longo da caminhada, fomos suscetíveis à queda e encaminhados paulatinamente à gólgota - significa crânio em aramaico, o nome dado à colina, em razão de seu formato, onde Cristo foi martirizado e crucificado, e que se transformou em paradigma de local de suplício ou calvário.

Recomenda-se um inventário para medir a extensão de nossa fragilidade. Perceba o valor de continuar a batalha sem tréguas. Após esses passos, saber aguardar, recuperar o fôlego, retomando o trabalho honesto, que o tempo se encarregará das condições adequadas para voltar às lides. Não existe um caminho por construir e ir ceifando as injustiças - ascensão espiritual - sem descuidos, tropeços e verdadeiros tombos.

6. A PRAGA VIRAL SURGIU PARA AMADURECER NOSSA CONSCIÊNCIA?

15 de maio de 2020

Se os ouvidos são imunes ao vírus e Deus nos deu dois ouvidos e apenas uma boca, mais um motivo para ouvirmos mais e falarmos menos. Imbuído do seu poder coercitivo, o coronavírus está fazendo com que os seres humanos aprofundem sua atenção aos desígnios do Criador quanto ao excesso de palavras que necessitamos para nos comunicar, ao invés de desenvolvermos mais a nossa sensibilidade, o que nos permitiria alcançar outras searas que existem na espiritualidade, se não fôssemos tão atados aos nossos instintos, sobrevivência e ao ver para crer. Se as palavras podem conter um caráter malévolo, imagine se transmitirem um vírus mortal a pessoas que estejam próximas! Se o domínio da Ciência sobre nosso próprio corpo, evidenciado pela pandemia, beira a pobreza de recursos com que são tratados os doentes, embora revestidos de caráter heroico por parte da equipe médica que se esfalfa para cuidar do que ainda desconhece, imagine a ignorância sobre o alcance de nossos sentidos! Impedindo de perceber o que deveria ser evidente e que aos outros escapa. Teria Deus enviado essa praga viral com o objetivo de ajudar no amadurecimento de nossa consciência? Em abrir os nossos olhos de uma vez por todas?

Sabei, de antemão, que há coisas que estão acima da inteligência do homem mais inteligente, as quais a vossa linguagem, restrita às vossas ideias e sensações, não tem meios de exprimir. Antes de condenar a civilização, condenai os que dela abusam, e não a obra de Deus. Os males que haja produzido só desaparecerão quando o moral estiver desenvolvido tanto quanto a inteligência. No entanto, o fruto não pode surgir antes da flor. As faculdades do Espírito não progridem simultaneamente, mesmo porque os homens ainda não estão aptos nem dispostos a alcançá-lo. Com grandes descobertas e maravilhosas invenções, sereis apenas povos esclarecidos que hão percorrido a primeira fase da civilização. Dizer-vos civilizados, somente quando vossa sociedade viver como irmãos. Onde a cobiça não seja o carro-chefe. Onde a inteligência possa se desenvolver com maior liberdade. Onde as pessoas não guardem qualquer preconceito, incompatível com o verdadeiro amor ao próximo. Onde as leis nenhum privilégio consagrem. Onde com menos parcialidade se exerça a justiça. Onde o fraco sempre encontre amparo contra o forte.

Onde exista menor número de desgraçados. A pandemia está tirando o direito dos idosos de viver os seus hábitos. Em casa, trancados, sem poder ver os netos. Como é cruel o isolamento dos idosos! Alguns netos chegam a pular o muro e ludibriar seus pais para abraçarem seus avós que, diante de tamanha tragédia, alguns se deprimem ao não encontrar uma explicação para o coronavírus, e preferem morrer antes do tempo.

Fonte inspiradora: "O Livro dos Espíritos", de Allan Kardec, Parte Terceira (Das leis morais), Capítulo VIII (Da lei do progresso), tópico "Civilização" desdobrado nas questões 790 a 793.

7. O MUNDO NÃO MAIS SERÁ O MESMO DE ANTES DA PANDEMIA

29 de maio de 2020

O mundo não é mais nosso, perdemos nossas referências com a pandemia. Contudo, depois do choque, negação e desorientação vieram sentimentos de altruísmo, solidariedade e comunhão diante do número de mortos, colapso econômico e a crise política que se seguiu, deixando todos inseguros. O confinamento levou alguns às lágrimas e ao pânico, pois não somos preparados para ficarmos paralisados diante do perigo num estado de vigília que tende a nos tirar o foco de tudo o que não está correlacionado ao risco que corremos.

Os Espíritos podem ver tudo o que fazemos, sendo comum terdes uma multidão de espíritos que vos rodeiam e observam. Conhecem os nossos mais secretos pensamentos, até os que desejaríamos ocultar de nós mesmos. Nada se lhes podem dissimular. Enquanto os levianos zombam das vossas impaciências, os Espíritos sérios se condoem dos vossos reveses e procuram ajudar-vos.

O confinamento pode nos apequenar diante de um beco sem saída ao pôr em cheque o nosso livre-arbítrio. No domingo do Dia das Mães, eu me refugiei no tempo em que era uma criança, apelando para o colo da mãe, onde lá estaria seguro de qualquer intempérie. Fosse um vento que uivasse sem parar, uma noite escura ameaçadora ou mesmo um espírito sombrio que interrompesse o meu sono. Quando minha mãe me dizia para eu sempre lembrar que ninguém me amaria mais do que ela. Sempre que eu estivesse aflito, ela viria a me acudir. Com a morte da minha mãe perto dos 70 anos, só aí eu descobri que realmente ninguém me amou mais do que ela. Amor suficientemente sólido para me amparar no confinamento e que seu espírito agora acalenta minha alma preocupada e insegura pelo fato de que o mundo não mais irá voltar a ser o que era antes da pandemia. E, para me preparar diante de um novo mundo que se avizinha, somente o amor de uma mãe que me acolheu incondicionalmente como ponto de partida. Até para resgatá-la de onde a mandaram para se curar de feridas provocadas pelo seu próprio amor extremado, e reaproximá-la de mim. O que só fará bem a ambos. O mundo invisível da Covid-19 atuando de conformidade com a recíproca invisibilidade do Plano Espiritual.

Fonte inspiradora: "O Livro dos Espíritos", de Allan Kardec, Parte Segunda (Do mundo dos Espíritos), Capítulo IX (Da intervenção dos Espíritos no mundo corporal), tópico "Faculdade, que têm os espíritos, de penetrar os nossos pensamentos" desdobrado nas questões 456 a 458.

8. MITO DA CAVERNA

1º de junho de 2020

O "Mito da caverna" foi escrito por Platão (427-347 a.C.), um dos pais mais célebres da filosofia natural na Grécia Antiga e tradutor da natureza autêntica do filosofar socrático. Sócrates não deixou nada registrado de sua filosofia já que, diante da impermanência do pensamento, preferia os debates ao ar livre com seus discípulos e as contendas inteligentes com seus divergentes. Esse mito revela a relação estabelecida pelos conceitos de escuridão e ignorância, luz e conhecimento e é encontrado no livro VII da obra "A República".

Descreve que alguns homens, desde a infância, se encontram acorrentados e imobilizados em uma caverna, sem poder se mexer ou espiar do lado de fora. Virados de costas para a entrada da caverna, veem apenas o seu fundo. Atrás deles há uma parede pequena onde uma fogueira permanece acesa. Por ali passam homens transportando coisas, mas como a parede oculta o corpo dos homens, apenas as coisas que transportam são projetadas em sombras e vistas pelos prisioneiros. Uma situação manuseada por outros homens do lado de fora da caverna.

Certo dia, um dos acorrentados consegue escapar e é surpreendido por uma nova realidade. No entanto, a luz da fogueira, bem como a do exterior da caverna, inicialmente agridem os seus olhos, já que ele nunca tinha visto sequer um rasgo de luz. Até que se deslumbra com a luz do sol a iluminar tudo em contraste com o que antes só conhecia como um mundo desenhado por sombras.

Esse homem tem a opção de voltar calado para a caverna e manter-se como sempre havia vivido e se acostumado, ou se esforçar para se habituar à nova realidade, ou voltar para libertar os companheiros informando o que existe para além da caverna. Provavelmente, esse último correria perigo, pois eles não acreditariam no seu testemunho, já que a verdade era apenas o que conseguiam perceber da sua vivência na caverna, julgando-o louco e até o matando por trazer à tona tamanho delírio que iria tumultuar a existência de todos.

O mito platônico revela de fato o confronto do conhecimento com a ignorância. Sair da caverna escura para dar de cara com a realidade iluminada pela razão e estabelecer o pensamento crítico. Para refletir sobre utopias políticas, defender a educação para todos ou para identificar tendências totalitárias. O senso comum seria representado pelas impressões aparentes vistas pelos homens através das sombras. O conhecimento científico, por sua vez, baseado em comprovações, é representado pela luz.

O Mito da Caverna é uma alegoria sobre a maior parte dos homens que prefere permanecer na ignorância. Quem vive nas sombras não conhece as causas de seu cativeiro, e alguns sequer sabem que são pobres de espírito - também é assim no Plano Espiritual. Quem sai da caverna e entra em contato com as causas, fica tentado a permanecer lá fora, ao Sol, mas é importante voltar ao ambiente opressor da caverna e, de posse desse conhecimento, compreender a realidade como um todo e entrar no jogo político das sombras para lutar e mudar.

É um embate entre a luz e as trevas, entre o saber e a ignorância.

9. A CIÊNCIA DO ESPIRITISMO

5 de junho de 2020

O pão espiritual muda o nosso pensar, sentir e agir. Mas aquele que supõe achar no Espiritismo um meio fácil de tudo descobrir incorre num grande erro, segundo Allan Kardec. Os Espíritos não estão encarregados de nos trazer a Ciência já mastigada. Deus quer que nós estudemos, que trabalhemos e exercitemos nosso pensamento pois, somente a esse preço, adquiriremos maior conhecimento. O Espiritismo tem por meta estudar os Espíritos, a fim de que, por analogia, fiquemos sabendo o que seremos um dia. E não para nos revelar coisas antes do tempo devido. E mesmo que os Espíritos não nos instruam, nós mesmos, ao estudá-los, nos instruímos à semelhança de quando observamos os costumes de um povo que não conhecemos.

Os discípulos de Jesus o questionaram: “Por que falais por parábolas?”. Porque, ao ver, nada veem, e, ao ouvir, nada entendem nem compreendem. Com a medida com que medirdes, medir-vos-ão a vós. Porque, a quem tem, se lhe dá mais ainda, mas de quem não tem, se lhe tira ainda aquilo que não possui. Em suma, dá-se àquele que tem e retira-se daquele que não tem. Mas não é Deus quem retira, é o próprio Espírito que, dispersivo e descuidado, não sabe conservar o que tem e aumentar, na fecundidade, a dádiva semeada em seu coração.

Por não estudar suficientemente a ciência do Espiritismo, aumenta o medo do desconhecido e das coisas que ouve e não entende plenamente. Por ser tão displicente consigo mesmo, é como se não cultivasse o campo, vendo-o coberto de ervas daninhas e não preparado para a colheita, implicando na perda daquilo que ainda não possui, as terras entregues para pagar dívidas.

Quem nada vê e não exercita a mente, não se interessando pelo que seremos um dia em espírito, a cada pôr do sol vai perdendo o que ainda não possui. Tal como o sonho ser uma maneira de mostrar nossa alma em atividade em outros mundos, em outra vida que não a terrena, em outro padrão de energia. Ou, de outro modo, quando acordamos, o espírito parece se resignar a uma posição secundária, para dar espaço às coisas ligadas às questões materiais, condicionados às regras da Terra.

Enquanto encarnados, convivem, nem sempre em harmonia, a vida material e a outra que é pura energia e que só ganha cores reais ao ser exibida em sonho, quando ficamos completamente à mercê da evolução de imagens que vão nos atropelando, inertes no leito. Nada mais natural, ao morrer alguém conhecido, as crianças pedirem para acender a luz do abajur, antes de dormirem, prevendo o embate que irá se travar em sua imaginação. Pedido esse recrudescido na pandemia diante da avalanche de mortes de seus bisavós, avós, pais, tios, mãe de criação, professores.

Fonte da inspiração: "O Evangelho segundo o Espiritismo", de Allan Kardec, itens 13 a 15 ("Será dado àquele que tem") do capítulo 18 ("Muitos os chamados e poucos os escolhidos").

10. O MAL PREVALECERÁ SOBRE O BEM NA PANDEMIA?

12 de junho de 2020

O coronavírus nos aprisionou dentro de casa. Embora não se veja uma corrente de humildade diante de quem nos sujeita ao seu domínio e poder. Pelo menos, para não se contaminar. E quem não se sujeita, até por necessidade, corre um tremendo risco.

Atravessamos um período conturbado, não apenas como consequência da pandemia ocasionada pela Covid-19, mas também por uma atmosfera de ódio, preconceitos, discriminações e morte, em completo desacordo com a proposta espírita de transformação do mundo.

Por que, neste mundo, com tanta frequência, parece-nos que a influência dos maus tem primazia sobre a dos bons? Pela fraqueza dos bons. Os maus são intrigantes e audaciosos; os bons são tímidos. Estes, quando quiserem, assumirão a preponderância, segundo Allan Kardec, no "O Livro dos Espíritos", na questão 932 constante da Parte Quarta (Das esperanças e consolações), Capítulo I (Das penas e gozos terrestres), Item 1 (Felicidade e infelicidades relativas).

Os Espíritos afirmam que a união social é essencial para assegurar o bem-estar e o progresso da sociedade. Isolados, nos embrutecemos e enfraquecemos o conteúdo espiritual. Fomos feitos para nos complementarmos uns aos outros, sujeitos a entrar em contato com o que nos é diverso, pois homem nenhum possui faculdades completas.

O espiritismo não é doutrina apartada dos problemas sociais e pandêmicos que recaem sobre a população mais pobre. Assim, o constante recurso ao uso de ideias e práticas tacanhas e autoritárias e sua marca anticivilizatória, incapaz de reconhecer importantes avanços obtidos ao longo dos séculos pela Cultura e pela Ciência, pode acarretar seríssimos prejuízos à sociedade e ao próprio movimento espírita por ofender direitos e garantias fundamentais do cidadão, que não são de hoje.

Por tudo isso ser próprio de "Espíritos inferiores que não se incomodam com os fatos absurdos que inventam, com as mentiras que proferem e com as grosserias de que dão mostras, falando com a mesma segurança do que sabem e do que ignoram, a tudo respondendo sem qualquer compromisso com a verdade" - Revista Espírita, janeiro e setembro de 1859.

Fonte inspiradora: "O Livro dos Espíritos", de Allan Kardec, Parte Terceira (Das leis morais), Capítulo VII (Da lei de sociedade), tópico "Necessidade da vida social" desdobrado na questão 768.

11. UM MUNDO DIFÍCIL DE SE ENCAIXAR

26 de junho de 2020

Existem mundos paralelos ao nosso, em outra dimensão (o Plano Espiritual, por exemplo), muito mais desenvolvidos e evoluídos que a Terra, e que não podem fazer contato conosco, pois poderiam provocar um confronto violento, o que não interessaria a ninguém. Por sermos primitivos, os entenderíamos como inimigos e conquistadores. Então, Deus teria puxado nossas orelhas para nos tocarmos e passarmos a agir de forma diferente. Com menos ganância e vontade de tirar vantagem sobre os outros, com mais solidariedade e amor ao próximo, sem discriminar e aceitando as diferenças que existem entre nós. Procurando aumentar o nosso nível de consciência e sabendo aguardar a nossa hora de fazer o que tem de ser feito. Não perguntando quando irá acabar tudo isso. Essa angústia liquida com o nosso potencial e sabota nossa capacidade em nos organizarmos. Se fala muito em fim do mundo, mas é aflição por vir um outro mundo que não conhecemos, urgindo por construí-lo, com a população irmanada. Um desafio ao nível de Deus!

Há pessoas que veem perigo por toda parte e em tudo que não conhecem. Morrendo de medo e de perder a razão com a pandemia. Tem como causa primária uma predisposição orgânica do cérebro fraco, que o torna mais acessível a certas impressões, algumas delas se transformando em ideias fixas. Quando, por vezes, são tribulações pequenas que não passam de incidentes desagradáveis no curso de uma viagem, mas que se configuram em provas úteis quanto ao seu adiantamento, sendo recompensado na mesma medida de coragem que souber suportá-las, sem muito se queixar da vida.

Não está se falando de negar a Ciência nem de diminuir o fragor da tragédia que se espalhou pelo mundo com seu rastro de mortes, nem muito menos reduzir a importância da provação intrínseca à pandemia como reflexo da destruição da Natureza e do lixo acumulado consequente ao que consumimos.

E sim de colocar entre as causas do receio generalizado os que se esforçam por tornar pavorosos certos pormenores da pandemia. Quantos não caem vítimas diante do que permitem se abalar sobre seu espírito? Quantos não se deixam contaminar pelos funestos efeitos de uma doença que pouco conhecemos? Baixando seu nível imunológico em face da depressão de caráter suicida atacar sem dó nem piedade o conformismo que jazia inerte e inconsciente.

Apesar de muitos serem dotados de rara inteligência e sensibilidade, esses seres não vão muito além de um mundo onde não conseguem se encaixar, não chegando a alcançar que nasceram para ajudar a criar um mundo novo. A vida não é sobre metas, linhas de chegada e conquistas, é sobre quem você se torna nessa caminhada.

Fonte inspiradora: "O Livro dos Espíritos", de Allan Kardec, Introdução ao estudo da Doutrina Espírita, item XV.

12. A PANDEMIA IRÁ MUDAR O MUNDO?

10 de julho de 2020

Todos se perguntam: a pandemia irá mudar o mundo? O Bem e o Mal serão reescritos? As pessoas se tornarão melhores? Ou continuará tudo como dantes? E haverá um apagão em nossas capacidades e ficaremos embotados. Engasgados com o coronavírus na goela. Ou daremos um passo seguro em direção ao que Chico Xavier previu: um dia, haverá só uma religião no mundo e terá o nome de fraternidade.

Quando o conflito não é entre o Bem e o Mal e sim entre o conhecimento e a ignorância, ensina Buda, desde o século VI a.C. O conhecimento ilumina a nossa mente e evidencia seu brilho em nosso rosto. Porquanto nos resgata do labirinto em que nos deixamos perder à procura de uma saída para nossos problemas. Já a ignorância trava a nossa evolução, congela as nossas possibilidades de reagir e conturba o livre-arbítrio de que tanto necessitamos para cumprir o que nos foi destinado nesta encarnação.

A pandemia pode trazer um bem tal que talvez não consigamos enxergar. Algo completamente estranho ao que até hoje conhecemos e que contradiz ideias preconcebidas. Irradiado de todos os pontos do Universo e isso vir a se concentrar no cérebro de cada indivíduo, médiuns ou com tal sensibilidade ainda não desenvolvida. Portanto, não ser de concepção humana e a opinião geral até a repelir por duvidar, se falso ou verdadeiro.

O Bem irá aqui desembarcar se o nível de consciência do planeta subir ao desenvolver as ferramentas do amor, da aceitação e da adaptação, além da paciência e da tolerância, em suma, o respeito por todos os seres vivos. Jamais encarnando um negacionista, pois será a vitória das trevas negar a realidade da pandemia. Isso se não a vir como uma coisa ruim e sim valiosa para o ensinar, caso esteja disposto a aprender que um vírus tão agressivo como esse não seja do Mal nem do Bem. Foi e está sendo necessário, ainda mais que gerado pelo próprio homem através de constantes violações de leis universais.

Se julgado pela lente maniqueísta do microscópio, que só detecta o bem e o mal, você pode optar por ver o coronavírus com medo e aniquilar com sua paz de espírito e energia vital, problematizando seus relacionamentos e sua saúde. Quando há que enfrentar o presságio da morte na pandemia e não se deixar vencer por suas limitações, galgando à cura. Se reagir com incompreensão, taxando o vírus com palavras pesadas, e não o tratando com sabedoria, a desarmonia e o desespero se instalam. Salvo se tornar-se invulnerável buscando sua força interior e trocando problemas por oportunidades para crescer interiormente. Se acontece uma pandemia no planeta é porque há um propósito. Cuide-se!

Seria racional pensar-se que no homem terminam os anéis que formam sua cadeia molecular, desde a matéria bruta do primitivismo até o ser mais racional, e que ele transponha sem transição a distância que o separa do Infinito? Uma lacuna que é preenchida pelos seres de todas as ordens do mundo invisível, e que não são mais do que os Espíritos dos homens nos diferentes graus que levam à perfeição.

Fonte inspiradora: "O Livro dos Espíritos", de Allan Kardec, Introdução ao estudo da Doutrina Espírita, itens XVI e XVII.

13. POR QUE TANTA DIFICULDADE NO MUNDO PARA NOS UNIRMOS?

24 de julho de 2020

Por que tanta dificuldade no mundo para nos unirmos, se precisamos tanto uns dos outros para evoluirmos? Ou para nos valermos do calor humano a embalar nossos sonhos. Ou por não sobrevivermos sem nos ajudarmos. Como a pandemia não cansa de nos demonstrar. Não somente heroicas equipes médicas a nos curar da Covid-19, arriscando suas vidas. E esses infectologistas brilhantes? Quase não os conhecíamos.

Se egrégora provém do grego (velar, vigiar), a força espiritual criada a partir da soma de energias coletivas (mentais, emocionais), fruto da congregação de duas ou mais pessoas. Ou um campo de energias extrafísicas criadas no plano astral a partir da energia emitida por um grupo de pessoas através de seus padrões vibracionais.

Se as egrégoras estão presentes em todas as coletividades, todos os agrupamentos humanos, tais como famílias, partidos, igrejas, empresas, clubes. Uma egrégora participa ativamente de qualquer meio, seja ele físico ou abstrato, baseado em que todo pensamento e energia gerada têm existência, podendo circular livremente pelo Cosmo. Um ambiente hospitalar é uma egrégora cujo principal objetivo é promover a cura, atraindo uma concentração de energias que procuram restabelecer a saúde, espalhadas por todo canto, recebendo e influenciando o pensamento coletivo e a moral de seus frequentadores, sejam funcionários, pacientes e visitantes. Da mesma maneira, uma intervenção espiritual, onde se busca a cura, o fim de um problema ou a superação de uma perda.

O maior exemplo de egrégora, quando Jesus disse: "Porque, onde estiverem dois ou três reunidos em meu nome, aí estarei eu no meio deles".

Sem dúvida, todos os seres humanos possuem o instinto de conservação, qualquer que seja o grau de sua inteligência. Nuns, é bem concatenado em sua linha de raciocínio, em outros, puramente maquinal, automático, inconsciente.

O objetivo de Deus ao outorgar a todos os seres vivos o instinto de conservação se deve à necessidade de concorrerem a cumprir os desígnios da Providência e a missão que lhes foi destinada, daí ser imprescindível a vontade de viver sob toda e qualquer perspectiva ou ocasião, mesmo diante de uma pandemia ou até mesmo holocausto, pois o aperfeiçoamento dos seres é condição essencial para avançar a Humanidade.

Ainda que sintam o espírito de conservação instintivamente, sem disso se aperceberem, o que pode ser observado quando o suicida no ato final, aproveitando o gás que lhe resta, procura angustiadamente por uma saída para sobreviver, dando alguns passos ou mesmo engatinhando, sinal comprobatório do instinto de conservação. E, no mais solitário dos gestos, a dificuldade de nos unirmos para combater o mal comum.

Fonte inspiradora: "O Livro dos Espíritos", de Allan Kardec, Parte Terceira (Das leis morais), Capítulo V (Da lei de conservação), tópico "Instinto de conservação" desdobrado na questão 702.

14. ANJO BOM E ILUMINADO

7 de agosto de 2020

O que mais se lamenta na pandemia é o coronavírus nos tirar de nosso convívio a figura do chamado anjo bom e iluminado, que veio para tornar nossa vida amena, agradável e frequentemente engraçada. De quem imaginamos não sofrer as pressões da vida terrena, a dura competição para sobreviver com bem-estar, de não ser aceito por sua forma de ser discrepante dos demais, somente sendo assimilado de verdade quando a Covid-19 o despachou para bem longe.

Aí, sim! Seu gênio, índole e inteligência serão reconhecidos como o espírito que regeu o destino de um ser humano a inspirar artes, sem maior destaque, mas sempre fazendo arte, como uma criança que não cresceu. E, ademais, para quê? Saudades, sentir falta, somente depois que se foi!

Quando se abriu um enorme abismo entre nós e não podemos cruzá-lo sob pena de não mais voltar, nem mesmo estarmos seguros de lá encontrá-lo, e findar nos perdendo. Afinal de contas, daqui não nos apercebemos que são muitos mundos, fáceis até de transitar de um para outro, no estado em que nos encontramos.

Mas se assim for, não seremos mais os mesmos, quimera com que tanto sonhamos materializar ao longo da encarnação, antes de partir para a grande viagem. E sabe-se lá onde estará o anjo bom e iluminado?

Por isso, foi antecipado o regresso do anjo bom e iluminado, ele tem mais o que fazer, ajudando a soerguer espíritos no Plano Espiritual, do que aqui, cuja característica maior é o carma e a expiação. Sua alma não precisou de muito tempo para enriquecer, tamanho o seu amor pelo próximo não encontrar barreiras em agregar afeição, bondade e bom humor.

O Espírito é sensível à lembrança e às saudades dos que lhe foram caros na Terra. Portanto, se uma dor incessante e desarrazoada o tocar penosamente, nela vislumbrará falta de fé no futuro e de confiança em Deus ao não alimentar esperanças em que dias melhores virão. E, por conseguinte, um obstáculo ao adiantamento dos que o choram e ao Espírito poder não se congraçar com inconformados que pranteiam os desígnios de Deus.

A árvore é uma representação da vida. Possui poder, envergadura, estrutura, desenvolvimento e resposta ao meio ambiente. Os galhos reagem à luz; se não a recebem, dobram-se e se contorcem para alcançá-la, alargando seu horizonte, mesmo os mais encarquilhados - a luz como metáfora para o conhecimento. O ser humano deveria adotar o mesmo procedimento, se estudasse melhor a Natureza. A natureza das coisas. Mas ainda não chegou lá.

Fonte inspiradora: "O Livro dos Espíritos", de Allan Kardec, Parte Quarta (Das esperanças e consolações), Capítulo I (Das penas e gozos terrestres), tópico "Perda dos entes queridos" desdobrado na questão 936.

15. CUSTA CARO ELEVAR O ESPÍRITO

21 de agosto de 2020

A pandemia não foi preconizada para nos acostumarmos às notícias ruins veiculadas com frequência, e nos transformarmos, sem nos darmos conta, em seres amargos, incrédulos, desconfiados, pessimistas, paranoicos, sem esperança. A intenção é a de atualizar os padrões atuais de pensar do planeta Terra e não só se concentrar no poder miraculoso de uma vacina, febre que se espalha pelo mundo. O grande passo para a mudança é saber como conviver com o atual estado de coisas e adquirir consciência de nossos erros, mesmo que de forma lenta, quase imperceptível a olho nu. Desapegando-se de detalhes que não nos agradavam por julgarmos tudo estar tão errado e insatisfatório que nem a generosidade de certas pessoas nos comovia nem merecia ser louvada.

Por que não começar por agradecer ao esforço de tantas figuras anônimas e desconhecidas que nos antecederam e transformaram nossa convivência e nossas referências? Que nos permitiram avançar hoje, como não teria sido possível anos atrás, sendo, por isso mesmo, sacrificadas ou imoladas em sofrimento.

Com a gratidão, você se liberta da cegueira originada do orgulho e da intransigência de certas atitudes. Conecta-o com o seu benquerer e sua boa vontade, deixando de lado as palavras de acusação, sentimento de revolta e pendores para julgamento. Quem somos nós para julgarmos nossos semelhantes, se nos conhecemos apenas por alto? Se não bem dispomos da biologia dos animais e dos organismos vivos para a aproveitarmos em prol de pesquisas voltadas para a evolução do ser humano. Se não conhecemos nem como o inconsciente funciona e nosso cérebro ainda ser um território por explorar.

Deus criou iguais todos os Espíritos, mas como cada um realiza maior ou menor soma de aquisições em função do quanto obra seu livre-arbítrio para atingir graus diversificados de experiência e aperfeiçoamento, aí se substabelece uma diferença: a variedade de aptidões. Necessária para que os Espíritos mais adiantados possam auxiliar o progresso dos mais atrasados e também para que os seres humanos, necessitando uns dos outros, compreendessem a lei da caridade que os deve unir, e não discriminar. Assim é que cada um tem seu papel útil a desempenhar, devendo concorrer para a execução dos altos desígnios com que se preceitua a Humanidade para seguir e cumprir, em razão de se exigir muito esforço para não nos perdermos à sombra de impulsos primitivistas, se somos muito suscetíveis a resvalar para o erro e nos dirigirmos a imensos currais, onde lá permaneceremos indefinidamente.

Custa caro elevar o Espírito.

Fonte inspiradora: "O Livro dos Espíritos", de Allan Kardec, Parte Terceira (Das leis morais), Capítulo IX (Da lei de igualdade), tópico "Desigualdade das aptidões" desdobrado nas questões 804 e 805.

16. SE O ESPÍRITO NÃO PROGREDIR, RENASCERÁ MUITAS VEZES

4 de setembro de 2020

Há quem negue a realidade da pandemia apressadamente proclamando que a contaminação decresceu, o pior já passou, encaminhando-se para o fim depois que imunizado a maior parte do rebanho. De forma a afastar o medo quanto a qualquer ameaça, evidenciando querer vir à tona o quanto antes e voltar ao mundo anterior. E não aprender com o que está acontecendo. Reflexo, aliás, de como já lidava com as coisas antes da pandemia. Quando a maioria dos doentes recuperados afirma que muda tudo, desde a visão material da vida até em se preocupar com os mais pobres, suas carências e como fazer para incluí-los na sociedade que também os discrimina. Especialmente, são os que sobreviveram ao pulmão tragado pelo coronavírus e submetidos aos respiradouros enquanto em coma, e que valendo-se da fisioterapia para reaprenderem a respirar, comer, andar, falar, chegaram a essa conclusão.

Outros lamentam terem crescido distante de seu pai, que saía para trabalhar às 4h da manhã, carregando malas na rodoviária até às 7 da noite e chegando em casa extenuado, mas nunca sem trazer o que faltava para comer graças às gorjetas. Não tinha muito mais para dar, mesmo porque também não recebera do pai austero. Nunca abraçou, beijou, trocou qualquer expressão de carinho com os filhos. Não havia essa intimidade. Eis que uma trombose cerebral em plena pandemia mudou a perspectiva de sua existência, recolhendo-o a um mundo à parte e o definhando. Foi a vez dos filhos cuidarem do pai, que veio a morrer aos poucos, até que Deus o libertou dessa expiação, não sem antes os filhos repetidas vezes o carregarem no colo, dizendo que o amavam e o beijando incontáveis vezes. Quando se tornarem pais e vierem a amadurecer é que se darão conta do quanto seu pai os amava ao abrir armários, gavetas e latas de mantimentos para examinar o que faltava. E do ruído peculiar que daí advinha e que sentirão saudades.

O arrependimento por seus atos costuma ocorrer no estado espiritual, mas também pode ocorrer no estado corporal, se bem compreendeis a diferença entre o bem e o mal, fazendo com que, já na vida atual, o Espírito progrida, se tiver tempo de reparar suas faltas. O ser humano sempre pode melhorar, ainda mais se chamado à atenção pela sua consciência, ao exibir a imperfeição na qual reincide.

Todo espírito tem que progredir incessantemente, esclarecendo-se pelo estudo, pela reflexão e pelo sofrimento advindo das expiações. A expiação se cumpre durante a existência corporal mediante as provas a que o Espírito se acha submetido e, na vida espiritual, pelos sofrimentos morais, inerentes ao estado de inferioridade do Espírito.

Fonte inspiradora: "O Livro dos Espíritos", de Allan Kardec, Parte Quarta (Das esperanças e consolações), Capítulo II (Das penas e gozos futuros), tópico "Expiação e arrependimento" desdobrado nas questões 990, 992, 997 e 998.

17. O CAMINHO DOS TROPEIROS

18 de setembro de 2020

O coronavírus é traiçoeiro e perigoso porque ataca sorrateiramente justamente a quem o minimiza ou compara seus efeitos a uma mera sinusite ou rinite, desprezando a dor de cabeça que a acompanhava por dois dias, até consultar a equipe médica do banco do qual era gerente, colocada à disposição dos funcionários, e se dar conta de que era a Covid-19, depois de infectar colegas de trabalho e clientes. A agência bancária foi fechada por quatorze dias para garantir a quarentena de seu pessoal e a sua higienização. Quanto aos que foram ao caixa e negociaram empréstimos com os gerentes, não se sabe de seu destino, porquanto rastreamento só em países que levam a sério a doença.

É isso que a pandemia exterioriza, a falta de cuidado com os nossos assemelhados, que deviam ser considerados nossos irmãos, e em não con-ta-mi-ná-los. Ao não abraçar a causa da sanidade, o conjunto de condições que conduzem ao bem-estar e à saúde. Ao não pensar no interesse do seu próprio meio, da comunidade, da urbe, da sociedade, do seu país, do planeta, à medida que não consegue ampliar o seu grau de consciência e de visão. O egoísmo de viver voltado só para si ajuda a encobrir o medo de morrer nas garras do vírus. As estatísticas de mortes e infectados aterrorizam e fazem negar a realidade. Não dá para viver um minuto que seja senão fugindo para a realidade anterior. Como se, finda a pandemia, pudéssemos voltar atrás. O ser humano sempre procurando seguir as mesmas pegadas que o trouxeram até aqui, como elemento de referência. São muitos que repetem *ad aeternum* o caminho dos tropeiros, mas felizmente não são todos.

Qualquer que seja o perigo que nos ameace, se a hora da morte ainda não chegou, não perecerás. Porém, se soa a hora da tua partida, nada poderá impedir que partas. Deus sabe de antemão de que gênero será a morte do homem e muitas vezes seu Espírito também o sabe, quando escolheu tal ou qual existência. Todavia, precauções podem lhe ser sugeridas para evitar que ela se dê, fortalecendo a coragem nos momentos em que mais dela necessita. Mormente a fraqueza e a fragilidade de nossa existência, há que examinar a causa e a natureza do perigo, se provinda da negligência no cumprimento de um dever.

Quem teme a morte é o homem, não o Espírito. Aquele que a pressente pensa mais como Espírito do que como ser humano. Compreende ser ela a sua libertação e espera-a. Não se deixa arrastar pelo medo, acorrentado ao seu destino materialista.

Fonte inspiradora: "O Livro dos Espíritos", de Allan Kardec, Parte Terceira (Das leis morais), Capítulo X (Da lei de liberdade), tópico "Fatalidade" desdobrado nas questões 853, letra "a", 854, 855, 857 e 858.

18. FALSOS PROFETAS

6 de novembro de 2020

Notória a constância de falsos profetas que sempre se levantam em nome de Cristo e enganam a muitos, capazes de prodígios como sabotar a caridade e a lisura na maneira de proceder em favor da perversidade e da maldade, em franco desprezo pelo senso de justiça comum e da imparcialidade. Mentem com o maior descaramento, sem o menor pudor ou vergonha na cara. Esses falsos profetas não temem o futuro que os aguarda quando serão desmascarados. O importante é aproveitar de imediato as glórias das quais não se julgavam capazes sequer de acumulá-las, e usufruí-las antes que se extingam. Sempre fazendo os outros de bobos, enganando sua boa-fé com seu biotipo de profissionais que se levam a sério, explorando a religiosidade comum. De modo a desviar a atenção dos fiéis para não perceberem os reais interesses a que servem e se destinam.

Autênticos fariseus que, no século II a.C., viviam na estrita observância das escrituras religiosas, mas já eram acusados de hipócritas pelos Evangelhos. Atualmente, prosseguem na fidelidade a dogmas ou ritos, acreditando-se donos da verdade e da perfeição, achando-se no direito de julgar e condenar a conduta de outrem para ostentar uma virtude que não se nota nem nas entrelinhas de sua personalidade.

Se conhece cada árvore por seu próprio fruto. Acaso se podem colher cachos de uvas de espinheiros ou figos de abrolhos? Uma árvore boa não pode produzir maus frutos, e uma árvore má não pode produzir bons frutos. Pode parecer elementar, porém, guardai-vos dos falsos profetas que por fora se disfarçam de ovelhas e que por dentro são lobos ladrões. Vós os reconhecereis por seus frutos.

É o facciosismo em marcha, extremado e hostil, que adia, indefinidamente, as mais sublimes edificações espirituais. O abuso no recurso em provocar divergências de toda sorte, à semelhança de "dividir para reinar", conforme posto em prática pelo imperador romano Júlio César (*divide et impera*) e pelo imperador francês Napoleão (*divide ut ugnes*), com o objetivo de evitar alianças que poderiam desafiar o soberano.

Quando o pensamento apregoado como religioso é alimentado pelo fermento da discórdia, do confronto e da discussão agressiva. Querem todos que Deus faça uso de seu domínio, mas não cogitam de pertencer a Deus. A audácia empedernida de quem acha que pode fazer de tudo na vida que nada lhe acontecerá. Nada o alcançará. Julgando-se íntimo de uma suposta Corte Superior que decidiria o destino de seu rebanho, o profeta à parte, enquistado em seu trono.

Duro, penoso e desalentador ter de se defrontar contra falsos profetas aliados ao vírus da pandemia. Um, pode levá-lo ao desencarne. O outro também, ao negar a Ciência, a vacina e o sofrimento humano.

Fonte inspiradora: "O Evangelho segundo o Espiritismo", de Allan Kardec, capítulo 21 ("Haverá falsos cristos e falsos profetas"), itens 1, 2 e 3 ("Conhece-se a árvore pelos frutos") e "Vinha de Luz", item 36 ("Facciosismo"), de Chico Xavier pelo Espírito Emmanuel.

19. OS JOVENS NÃO TÊM NOÇÃO DA MORTE

27 de novembro de 2020

Os jovens não têm noção da morte. Pensam que tão cedo isso não acontecerá com eles. Uma realidade para lá de distante que não vale nem a pena pensar nisso. Até, portando o vírus assintomático, transmitirem a seus pais ou avós, deles se despedindo antes do que esperavam. Consequências da pandemia.

Se a tendência é se aplicar mais testes do que no ápice da pandemia quando faltavam equipamentos e os hospitais estavam sobrecarregados, logo é esperado que haja mais diagnósticos e mais contaminados confirmados, direcionando-se a pandemia para as faixas etárias mais jovens, se os idosos vêm se mantendo mais resguardados.

O vírus ainda é visto por muitos humanos como inimigo, quando, na verdade, ele é um desconhecido que aos poucos vai se revelando e permitindo que possamos nos organizar para combatê-lo. Apesar de que, onipotentes que somos, tentamos menosprezá-lo ao politizar o vírus. Assim como, ao ainda não entendermos a biologia dos animais, os rotulamos de inferiores.

Um vírus não cria nada, mas revela tudo.

Há males que estão nos decretos da Providência e que não é possível detê-los, senão amenizar seus efeitos, resguardando as vítimas com paciência e resignação. Ficai sabendo que de vós depende muitas vezes de atenuá-los. Principalmente por meio da vossa inteligência é que os Espíritos vos auxiliarão, sugerindo-vos ideias propícias ao vosso bem. Porém, não assistirão senão aos que sabem assistir-se a si mesmos, imbuídos de resistir. “Buscais e achareis, batei e se vos abrirá”, esse é o sentido do suporte.

No entanto, se pedis aos Espíritos para manter-vos vivo, quase sempre recusam, tal como se nega à criança a satisfação de um pedido imponderado. Se andais errado na elaboração e na execução de vossos projetos, obstinado em seguir por um caminho que não deveria.

Por outro lado, nem sempre um mal é o que vos parece sê-lo. Frequentemente, do que considerais um mal, brotará um bem muito maior. Mas quase nunca alcançamos essa profecia porquanto só enxergamos o momento presente e a dor agarrada à nossa realidade.

Fonte inspiradora: "O Livro dos Espíritos", de Allan Kardec, Parte Segunda (Do mundo espírita ou mundo dos Espíritos), Capítulo IX (Da intervenção dos Espíritos no mundo corporal), tópico "Influência dos Espíritos nos acontecimentos da vida" desdobrado nas questões 532, 533 e 534.

20. BÊNÇÃOS E MALDIÇÕES

5 de fevereiro de 2021

Segundo o espírito Alex Bardoni, estava se perdendo o sentido das coisas, nada mais de peso era vivenciado e muito menos aprendido. Visava-se sempre o futuro, o próximo final de semana, a próxima festa, o próximo feriado, o próximo objetivo material. A grande maioria estava subutilizando a sua existência e, por isso, ocorreu a pandemia. Para frear a Humanidade, que se encontrava em um movimento sem eira nem beira, sem propósito e sem destino.

Não há que se pensar em realizações futuras e sim se concentrar no agora, já que a realidade atual exige que se viva um dia de cada vez. A ganância, o supérfluo e a vaidade tola foram contidas, muitos faziam questão de serem admirados por desfrutarem de situações únicas e exclusivas. Mas isso não nos vale de mais nada.

É impossível se sentir totalmente feliz e em paz no seio de nossos lares em plena pandemia, um sentimento de tristeza e não plenitude morde nossos calcanhares, sem cessar. Só assim nos aperceberemos de que, enquanto houver um enfermo, mal respirando o ar desses tempos sombrios, ou passando fome ou simples e absolutamente só, a felicidade estará longe de bater nas nossas portas.

Quando encarnamos, portamos uma situação cármica para solucionarmos e evoluirmos. O atual momento pode servir para uma reforma singular em nossa alma, como, por exemplo, nas pessoas de pouca fé, atraídas para buscar um significado existencial de horizonte maior.

Temos um período finito de tempo para nos aperfeiçoar. Esse é o recado da pandemia para mudanças comportamentais de relevo na Humanidade, como a diluição da empáfia humana. A forma escolhida foi uma pandemia e não uma guerra, justamente para não gerar sentimento de animosidade, divisão ou rancor. O fato da contaminação ser global e não pontual foi precisamente para romper todo preconceito quanto a fiéis de quaisquer crenças religiosas, etnias, posição social ou nacionalidade, a demonstrar que todos nos encontramos no mesmo plano - a igualdade de todos. Não estamos sozinhos nesta jornada, assistidos por milhões de mentores espirituais.

Como somos compostos de gênios opostos, como o bem e o mal, que ganha espaço ou não a partir do que o livre-arbítrio decide, pode a maldição exercer momentaneamente influência, sobretudo sobre a matéria. Tal influência, porém, só se concretiza por vontade de Deus como aumento de provação para aquele que é dela objeto.

Se avizinha o dia em que a Ciência e os infectologistas descobrirão um tratamento eficaz contra a pandemia, seja com vacinas ou por outras vias. Tantas desgraças e tragédias, um verdadeiro holocausto a dizimação de famílias - as maldições -, o fato é que abriram caminho para a solidariedade, amor ao próximo, a fraternidade se elevar acima da irmandade consanguínea - as bênçãos. A elucidação em andamento do mistério do vírus que assola o planeta e a cura de tantos que se submeteram à expiação regeneradora.

Fonte inspiradora: "O Livro dos Espíritos", de Allan Kardec, Parte Segunda (Do mundo espírita ou mundo dos Espíritos), Capítulo IX (Da intervenção dos Espíritos no mundo corporal), tópico "Bênçãos e maldições" desdobrado na questão 557.

Vermelho Marinho